Zur Erinnerung an eine

Kurzbekanntschaft am Campingplatz

in Malmö,

viel Spaß beim Lesen.

Gewidmet,

Angelika Halper

8. Juli 2016

Besinnliches & *Heiteres*

für Mundharmonika-Spieler
und jene, die es noch werden wollen

Gedichte, Bilder und Karikaturen
von
Angelika Halper

Eigenverlag: Angelika Halper, Klagenfurt, 2009
Umschlag und Layout: Franz Halper
Grafik und Texte: Angelika Halper
Druck und Bindung: Druckerei Theiss GmbH, St. Stefan im Lavanttal

Ich danke Erich Polz, der mein Manuskript gelesen und zum Entstehen dieses Buches beigetragen hat.

ISBN 978-3-200-01473-2

I n h a l t

Vorwort

Bereits als Volksschülerin war meine Lieblingsbeschäftigung Zeichnen und Malen. Meine Lehrerin meinte des Öfteren, ich hätte eine rege Phantasie, was man sowohl positiv als auch negativ sehen konnte.

Eines Tages überraschte es mich selbst, dass ich meine kunterbunte Gedankenwelt plötzlich in Reime fassen konnte. So kam es, wie es kommen musste, dass jedes Geburtstagskind, jeder Jubilar und jedes Hochzeitspaar mit einem von mir verfassten Gedicht beglückt wurde. Bis heute bin ich noch bei meinem Freundes- und Verwandtenkreis als „Dichterin" bekannt.

Mein Mann, Franz, quälte inzwischen seine „heiß geliebte Mundharmonika". Hartnäckig bemühte er sich, mit einer Gruppe von Gleichgesinnten gemeinsam zu musizieren, um in öffentlichen Auftritten diesem „Hosentascheninstrument" einen neuen Stellenwert zu geben.

Trotz mehrmaligen Scheiterns ließ er sich von seinem Weg, die Mundharmonika wieder aufleben zu lassen, nicht abbringen. Das gefiel mir. Ich ließ mich von diesem „Virus" infizieren und fing an, den „Traum" meines Mannes mit aller Kraft zu unterstützen.

Im Jahre 2000 veranstalteten wir gemeinsam das Internationale Kärntner Mundharmonika-Spieler-Treffen in Klagenfurt. Es sollte etwas ganz Besonderes werden. Auf mein zeichnerisches Gefühl vertrauend kam ich auf die Idee, selbst ein Plakat zu entwerfen und mit Acryl zu malen. Und ich konnte es! Machte mir richtig Spaß! Nach diesem ersten Streich folgte der zweite. Ich musste die „Gefühle einer Mundharmonika" zu Papier bringen. So entstand mein erstes und überraschender Weise bereits bekanntes Gedicht. Es folgten nach und nach neue Ideen, Bilder, Karikaturen und Gedichte.

Während dieser Zeit konnte ich mich selbst für das Musizieren auf der Mundharmonika (Vineta, Akkord, Bass/Akkord) begeistern. „Übung macht den Meister“. Den Meistertitel werde ich, als Pensionistin, wohl nicht mehr schaffen, aber dafür gibt es für mich nichts Schöneres, als mit meinem Mann und meinen Mundharmonika-Freunden und Freundinnen (seit 2005 das „MundHarmonika Ensemble Wörthersee“) gemeinsam zu proben und auf der Bühne zu stehen.

Meine Phantasien habe ich in diesem Büchlein niedergeschrieben, gezeichnet und gemalt - mit dem Ziel, für dieses Instrument zu werben, damit die Mundharmonika mit ihren vielfältigen Klängen die gleiche Beachtung verdient wie jedes andere Instrument auch.

Darum, Mundharmonika-Spieler, verzagt nicht, hört auf meinen Rat:

„Nehmt es locker und heiter, übt stets fröhlich weiter!“

Angelika Halper

Klagenfurt am Wörthersee, im März 2009

Besinnliches

Gefühle einer Mundharmonika

Wer mich erfand vor 180 Jahren ist strittig bis zum heut'gen Tag,
Deutschland oder Österreich, selbst China kommt in Frag'.
Was soll's, ganz gleich, woher ich bin und komm',
mein Stolz ist, dass Schritt für Schritt die Ruhmesleiter ich erklomm.

Als Instrument bin ich nicht groß, möcht` sagen handlich klein,
doch täuscht mein Anblick jedermann, bläst er ganz sanft hinein.
In mir fängt's zu Vibrieren an, die Zungen, bis jetzt starr,
versetzen sich in Schwingungen, und Töne kommen klar.
Dies ist der Anfang stets für den, der erstmals mich berührt,
der erstmals meine Kraft und meine Seele hat gespürt.

Meist sind es Kinder, ält're Leut', die mich als Spielzeug seh'n,
die freudig über meinen Klang sich tanzend, lachend dreh'n.
Als Spielzeug werd' ich angeseh'n auch noch zur heut`gen Zeit,
der Durchbruch ist noch nicht erfolgt, der Weg ist noch sehr weit.

Ich bin zwar unscheinbar, bescheiden,
kann Geige und Klavier nicht leiden,
denn diese werden hoch gepriesen,
doch auch bei meinem Klang kann man die Augen schließen.

Wer einmal hat den Mut gefunden und sich entschieden hat für mich,
erlebt das Schwingen meiner Zungen als Ohrenschmaus ganz inniglich.
Wer mich versucht, dem schenk' ich alles, die schönsten Töne geb' ich frei,
ich werde eins mit meinem Spieler, füg' mich und bin nun sein Lakai.
Wenn ich dann den Erfolg erleb', wie Melodien erklingen,
dann muss ich, hölzern, blechern Ding, mit einer Träne ringen.

Als Instrument bin ich nicht groß, möcht` sagen handlich klein,
dafür, das ist mein größtes Glück, pass' ich genau in jede Tasche rein.

Frühling

Spürst du die warmen Sonnenstrahlen,
sie streicheln sanft dir dein Gesicht.
Siehst du die Frühlingsblumen wachsen,
das Eis der Seen und Bäche bricht.

Spürst du den lauen Frühlingswind
spielen mit deinem Haar.
Siehst du die Bienen Nektar suchen,
die Luft ist rein und klar.

Spürst du, wie leicht dein Körper wird,
so leicht, als würdest du jetzt schweben.
Siehst du die Schwäne dort am See,
die Natur erwacht zum Leben.

Spürst du, wie Trübsal nun Heiterkeit weicht,
das allein hat der Frühling mit Zauber und Kraft erreicht.
Siehst du die Menschen mit strahlendem Blick,
der Frühling, der schafft das, er eilt vorwärts, sieht nicht zurück.

Sommer

Oh, welch ein Zirpen, welch ein Summen,
die Felder, Wiesen, satt und bunt.
Der Duft des Grases und der Wälder,
genussvoll Sommer jede Stund'.

Das Flimmern über Feld und Straßen,
buntes Treiben in den Gassen.
Kinder plantschen in den Teichen,
prachtvoll Sommer ohnegleichen.

Kirchtagstreiben, Tanzbein schwingen,
fröhlich Kärntner Lieder singen.
Abends Lagerfeuer machen,
reizvoll Sommer, lass es krachen.

Dunkle Wolken, regenschwer,
Hagel, Blitz und Donner.
Regenbogen, traumhaft schön,
auch so zeigt sich der Sommer.

Endlich ist die Schule aus,
Urlaub mit den Eltern.
Abends nach den Sternen schau`n,
dir, oh Sommer, darf man trau`n.

Reife Ernte, Gartenbeete,
Heu, das trocken liegt am Hang.
Arbeit, Schweiß und Trachtengewand,
fruchtbar Sommer, du hast Bestand.

Lavendel- und auch Rosenduft,
Sommer, das ist deine Luft.
Heiße Tage, kühle Nächte,
Urlauber, geplagte Knechte,
Grillenzirpen, Vogelgesang.
Vielfalt des Sommers,

Gott sei Dank!

Herbst

Wenn morgens über Seen und Wiesen die Nebelschwaden steigen.
Wenn Mückenschwärme im Sonnenlicht tanzen den schönsten Reigen.
Wenn der Bäume Blätterkleid sich färbt und zeigt sich bunt.
Wenn der Himmel strahlt in tiefstem Blau,
Wiesen glitzern noch vom Tau.
Wenn die Wälder modrig riechen,
Igel sich im Laub verkriechen.
Wenn Obst und Wein sind reif zum Ernten, die Nüsse fallen von dem Baum.
Wenn Menschen wandern auf den Bergen, erleben dies als wär's ein Traum.
Wenn abends rot am Horizont die Sonne untergeht,
Zugvögel sich versammeln, eh es ist zum Flug zu spät.
Wenn früher als vor Tagen die Finsternis einfällt,
die Stuben in den Häusern dann künstlich Licht erhellt.
Wenn tausend Sterne leuchten, der Mond heller scheint als zuvor.
Wenn der Wind das Laub vor sich hertreibt und dir flüstert leis ins Ohr:

„Der Herbst hat dies alles gestaltet,
der Herbst hat dies alles erreicht,
der Herbst ist ein großer Künstler, als Maler tut er sich leicht.
Er braucht dazu keinen Pinsel und auch keine Staffelei,
er zaubert mit Gottes Hilfe die prächtigsten Bilder herbei."

Winter

Mit Frost, Schnee, Eis und klirrend Kälte kommst du ganz leise über Nacht,
du zauberst kunstvoll Eiskristalle auf Feld und Wiesen, weiße Pracht.

Manchmal bist du grausam, stürmisch, dann weht der Wind die Flocken wild,
ganz plötzlich bist du mild und lieblich, zeichnest das schönste Landschaftsbild.

Dein Atem kann so eisig sein, bringst Seen und Bäche zum Gefrieren,
Eisblumen malst du ans Fensterglas, du hast eine Hand zum Verzieren.

Dein Schnee, dein Eis bringt Kindern Freud', sie toben ausgelassen,
kein Mensch kann dich, du rau Gesell', für deine Werke hassen.

Du bist die Jahreszeit des Friedens, der Feste und Besinnlichkeit,
der Weihnachtsdüfte und Genüsse, der Träume an die Kinderzeit.

Die Zügel hast du fest im Griff, dein Mantel schützt die Saat,
du musst das tun, ist deine Pflicht, der nächste Frühling naht.

Der Jahreskreis schließt sich mit dir, du frostig, rau Gesell',
dir als Beschützer danken wir, du bist der Pflanzen Quell.

Zum Abschied nimmst du Schnee und Eis, gehst leise über Nacht,
dein Werk hast du wie jedes Jahr gekonnt, perfekt vollbracht.

Heiteres

HOMO-MUNDHARMONIKUS

Die Verhaltensforschung hat eine sensationelle Entdeckung gemacht,
die erst bekannt wurd' gestern bzw. endgültig heute Nacht.

Es gibt unter der Spezies „Mensch“ Exemplare,
die tragen zwar Kleider und unterschiedliche Haare,
doch ihr Verhalten ist seltsam exotisch,
die Klänge, die sie verbreiten, direkt melodisch.

Die Wissenschaftler europaweit
führten viele Jahre einen Streit.
Wie könnte man diese benennen?
Wie lernt man diese Spezies noch genauer kennen?
Nach langen Beratungen fassten sie endlich einen Beschluss
und nannten die Entdeckung „Homo-Mundharmonikus“.
Noch niemals gesehen, noch nie gehört?
Keine Sorge, wir wurden bereits aufgeklärt.

„Homo-Mundharmonikus“, das Wunder der Wissenschaft,
holt sich aus einer kleinen Mundharmonika die Kraft.
Versteckte Beobachtungen und recherchieren,
jahrelang zuhören und konzentrieren
haben zum Erfolg geführt.

Der „Homo-Mundharmonikus“

Wenn er seinesgleichen trifft oder Spuren wittert,
kramt er in den Hosensäcken rum, die Hand dabei stark zittert.
Er sucht nach der C, der A oder G,
der Puls, der rast, wird schneller.
Die Lippen werden nun geschürzt,
das Ganze wird noch mit Speichel gewürzt.
Der Körper spannt sich, der Bauch wird flach,
die Lunge, die bläht sich, ist nicht mehr schwach.
Die Nerven sind vom Suchen am Explodieren,
dann endlich: Hirn und Hand funktionieren.
Die Mundharmonika ist gefunden
und die Angst des „Homo-Mundharmonikus“ nun rasch verschwunden.
Ein Lächeln über seine Lippen huscht,
alles um ihn ist ihm völlig wurscht.
Er spielt nun mit seinesgleichen im Takt,
wenn auch manchmal falsch, dass er andere verjagt.
Er vergisst Frau und Kind, die Arbeit, den Schmerz,
nur der Mundharmonika allein gehört nun sein Herz.
Das Außergewöhnliche an dieser Art von Mensch ist,
dass er wie ein Sücht’ger alles vergisst.
Wenn auch die Lippen vom Spiel bereits trocken,
das Kreuz ganz verspannt ist, die Arme schon lahmen,
der „Homo-Mundharmonikus“ zieht und bläst weiter zum Gotterbarmen.
Die Forscher, die dieses Wunder entdeckt,
haben sich über „Homo-Mundharmonikus“ furchtbar erschreckt,
als sie ihn erstmals haben erspäht,
hat er beim Mundharmonika-Spielen seine Augen verdreht.
Doch sämtliche Schrecken sind nun genommen,
„Homo-Mundharmonikus“ ist europaweit im Kommen.
Doch wissenschaftlich ist nun bewiesen,
dass er spielend und lachend meistert jegliche Krisen.
Er ist fröhlich und freundlich, humorvoll und gut,
diese Spezies gerät selten in Rage und Wut.
Der Rat der Wissenschaft an die Menschheit nun ist,
dass man den „Homo-Mundharmonikus“ ja nicht vergisst.
Ihn kannst du überall entdecken,
auf Bergen, in Hallen und an Straßenecken.
Hab keine Furcht und trau dich nur,
verfolg ganz einfach seine Spur.
Vertrau dem „Homo-Mundharmonikus“,

die Sucht von ihm ist ein Genuss.

Die diebische Elster

Die Elster ist ein Rabenvieh, das Glitzer liebt und Glanz.
Im Garten einst gemütlich saß der musikalisch Franz.
Erstanden hat er um viel Geld ein wunderschönes Stück,
mit gold'ner Kette und schön klein, für ihn sein größtes Glück.
Die Minimundharmonika spielt er begeistert flott,
sein Weib war deshalb stolz auf ihn, er spielt ja wie ein Gott.

Der Franz war in sein Spiel vertieft, hat gar nicht registriert,
dass hoch am Baume ganz versteckt die Elster gierig stiert.
Kaum war dem Franz sein Spiel zu End', legt er die Muha ab,
gründlich er die Kette ringelt, so wie ein kleines Rad.

Die Sonne sandte ihre Strahlen direkt auf dieses gold'ne Stück,
von diesem Glanze war natürlich die Elster ganz entzückt.
Sie konnt' sich einfach nicht mehr halten, startet mit Schwung und Speed,
im Sturzflug haschte sie die Muha und nahm sie mit dem Schnabel mit.

Der Schreck fuhr Franz in alle Glieder, als er den schwarzen Schatten sah,
grad eben lag die Muha noch auf dem Tisch, nun war sie weg und nicht mehr da.
Doch als sein Blick den Himmel streift, sah er das diebisch Vieh,
im Schnabel blinkt die Muha noch, so schön war sie noch nie.
Ade, da flog dem Franz sein allerliebstes Stück
und mit ihr, oh Schreck, lass nach, sein größtes Muha-Glück.

Drum, Muha-Spieler, gib recht Acht, wenn die Natur dir lieb,
sei auf der Hut und denk stets dran, die Elster ist ein Dieb!

Der Breitmaulfrosch

Tief im Busch, man glaubt es kaum,
versteckt in einem hohlen Baum,
lebt ein Frosch, ganz bunt und klein,
ganz arg giftig soll er sein.
Ein Professor der Natur
fand durch Zufall seine Spur.
Sein Maul versetzte ihn ins Staunen,
es war breit und sehr, sehr groß,
und sein Quaken war verändert,
was war nur mit dem Fröschlein los?
Er zückte darauf schnell, der Gute,
die riesengroße Superlupe.
Ein Blick, ein Aufschrei, welch ein Wunder,
die Welt wird staunen, wenn sie`s hört,
der Frosch spielt Muha und so herrlich,
nicht nur sein Weibchen wird betört.

Vielleicht verlor die kleine Muha ein Spieler, und der Frosch hat's g'schluckt,
süß der Kleine mit der Muha, wie der so versonnen guckt.
Der Professor schleicht von dannen, lässt dem Fröschlein seine Ruh',
gern hätt' er es ja gefangen, deckt das Loch mit Blättern zu.
Soll er doch schön weiter blasen auf der Muha klein,
seine Weiber werden es ihm danken, er wird als Frosch der „Größte" sein.
Denn so ein Quaken hat nur einer, er, der kleine „Breitmaulfrosch",
die Muha hat sich festgeklemmt in seiner kleinen Fröschleingosch'.

Drum, Muha-Spieler, aufgepasst, es ist, so sagt man, wahr,
den Breitmaulfrosch gibt's tief im Busch, und das sei allen klar.

E.T. lernt Mundharmonika

Die NASA hat CDs verschickt ins All und auf den Mond,
bis heut kam keine Antwort drauf, es hat sich nicht gelohnt.
Doch schon im Jahre fünfundsechzig gab's eine riesig Sensation.
Ein Astronaut, mit Namen Schirra, schmuggelt seine Muha in die Raumstation.

Die Mundharmonika „Little Lady" zückt er auf seinem Flug
und spielt genau am Weihnachtstage „Jingle Bells" in einem Zug.
In Housten staunte man nicht schlecht, als diese Melodie erklang,
doch schließlich musste man sehr lachen über das, was in die Ohren drang.

Nun ist dies ein`ge Jahre her, die NASA hat`s fast schon vergessen,
da kommt die Nachricht aus dem All, E.T. ist ganz besessen.
Er hörte diese Melodei im All und bis zum Mond,
er möchte lernen dieses Stück, wie Schirra, so gekonnt.
Verstümmelt kommt die Nachricht an,
Housten holt sich gleich den richt'gen Mann.

Er opfert seine „Little Lady" und legt sie auf den höchsten Turm,
erstaunt sieht er, wie sie gebeamt wird, er fühlt sich klein, so klein und winzig,
er, der kleine Erdenwurm.

Dies alles konnt' die NASA sehen durchs riesengroße Teleskop,
der Präsident des großen Staates versah dies mit 'nem großen Lob.

Drum, Muha-Spieler, denk daran, wenn du den Vollmond siehst,
E.T. erblickt dich und ist ganz glücklich, wenn du dein Spiel des Nachts genießt.

Der Abenteurer

Abenteuer, Fun und Action, das ist heute cool und in,
bis aufs Letzte, Tod vor Augen, mancher hat so seinen Spleen.
Ben, so nannt' er sich bei Freunden, hat schon alles ausprobiert,
doch die Wüste war das Letzte, hat auch dafür hart trainiert.
Nur mit einer Wasserflasche und ganz wenig Proviant,
macht er sich zu Fuß alleine auf, stapft durch heißen Wüstensand.
Damit er auch mal konnt' entspannen, nahm er seine Muha mit.
Wird nicht schaden beim Alleinsein auf dem öden Wüstentrip.
Nach zwei Tagen heißer Glut
packte ihn die nackte Wut
über seinen Irrsinn.
Die Flasche war bereits schon leer,
die Beine waren wund und schwer,
die Haut am Kopf verbrannt.
Das einzige ihm so vertraute, die Muha in der rechten Hand.
Wo war da die ersehnt' Oase, mit Wasser und mit Palmen,
sein Hirn vom Denken panisch nun fing furchtbar an zu qualmen.
Als er gar nicht konnt' mehr weiter,
wurd' seelisch er ganz plötzlich heiter.
Ben hebt die Hand mit letzter Kraft,
leckt seine Lippen ohne Saft,
führt sie dann zum Mund
und spielt „Das Lied vom Tod" ganz still in seiner letzten Stund'.
Ein Skorpion gesellt sich noch zu ihm und hört verwundert zu,
und leise wird es um ihn Nacht, dann hat er endlich Ruh'.

Drum, Muha-Spieler, lass' dir sagen,
solltest dich in Wüsten wagen,
dann nimm dir auf dem Actiontrip,
nebst Muha, Kompass und viel Wasser mit.

Ein böser Traum

Sein Hobby war ein Sammeltick,
jed' neue Muha war der Kick.
Franz sein Muha-Arsenal
füllt inzwischen jed' Regal.

Es sind schon an die hundert,
sein Weib sich ärgert und auch wundert,
spielt er doch nur mit einer auf,
der Rest verstaubt und wartet drauf,
einmal ein Musikstück vorzutragen,
doch da hat sein Weib wohl nichts zu sagen.

Und eines Nachts, Franz ganz schlecht schlief,
im Traum lief grade alles schief.
Er sah sein Weib, das sonst ganz lieb,
was sie mit seinen Muhas trieb.

Sie nimmt jed' einzelne Muha her
und brummt hinein so wie ein Bär.

Die Muhas fangen kreischen an und jeder wachsen Flügel.
Dann heben sie vom Boden ab, verschwinden hinterm Hügel.
Sein Weib, das hüpft und lacht und schreit:
„Keine Muha mehr da, weit und breit!“.

Schweiß gebadet wird er wach und taumelt aus dem Raum.
Gottlob sind alle Muhas da, es war ja nur ein böser Traum.
Doch endlich hat der Franz begriffen, der Muhas sind genug,
achtundneunzig packt er ein, vertreibt damit den Spuk.
Dem Trödler um die Ecke wünscht er damit viel Glück,
er läuft danach nach Hause zu seinem besten Stück.

Sein Weib sitzt auf der Stiege und lacht ihn selig an,
sie hat, das sagt sie ehrlich, den allerliebsten Mann.
Der allerliebste Mann greift langsam in die Hose,
legt lächelnd und bedächtig zwei Muhas in die Dose.
Denn dieser Dosen gibt es viele, im Keller und im Speicher,
und eines Tages, denkt der Franz, ist er um viele Muhas reicher.

Drum, Muha-Spieler, denk daran, die Sucht, sie ist ein Schwein,
beherrsche dich und achte drauf, es muss ja gar nicht sein.
Zu viele Muhas, bei aller Freud, tun dir so gar nicht gut,
du bringst den Partner nur in Rag' und fachst des Zornes Glut.
Kauf dir ein gutes, schönes Stück, eventuell auch zwei,
vermeide jeden Sammeltick, dein Ehefried' ist sonst vorbei!

Probenpause

Wir sind der Muha-Spieler sieben
und haben manches schon getrieben.
Am Donnerstag sind unsre Proben,
die werden selten nur verschoben.
Franz ist unser Oberboss,
das Üben er mit uns genoss.

Doch eine Prob' brannt' sich fest ein
in sein Gehirn, das war nicht fein.
Es war ein Donnerstag im Mai,
wir probten derer Stunden zwei,
die dritte hatten wir schon frei.
Die Probe war 'ne Katastrophe,
es gelang uns keine einz'ge Strophe.

Als erste fiel Angelika aus mit ihrem großen Trumm,
ihr Akkord daheim im Zimmer lag, da blickte sie recht dumm.

Sechs Spieler musizierten dann, mit Bass klang es recht gut,
doch plötzlich schrie die Erika, gepackt hat sie die Wut.
Die Stimmzunge vom hohen C ist leider abgebrochen,
der falsche Ton fährt Erika in ihre morschen Knochen.

Fünf Spieler ohne dritte Stimm', na ja, das ging g'rad so,
man hörte noch die Melodie, da war der Franz sehr froh.
Plötzlich flog die Muha der Hertha untern Tisch,
und eine der ersten Stimmen war nun auch für die Fisch.

Vier Spieler, drei Erste und der Bass,
es machte allen Freunden das Spielen trotzdem Spaß.
Potz Blitz, was war schon wieder, dem Peter wurde schlecht,
er rannte aus dem Raume so wie ein junger Hecht.
Das Stück wurd' unterbrochen, die Nerven lagen blank,
da kommt man zu der Probe, und das ist dann der Dank.

Nun waren's nur noch drei, zwei Chromas und ein Bass,
sie spielten auf alleine, noch klang es wirklich klass'.
Ganz plötzlich unterbricht der Luis sein wunderbares Spiel,
ihm ging beinah die Luft aus, es war ihm schon zuviel.

Einsam spielt nun Franz, der Boss, der Bass ist treu geblieben,
verdammt noch mal, was war denn los, sie waren doch sonst sieben.
Nur er mit seiner Chroma und Ludwigs Bassgerät,
zwei Stunden sind vergangen, es ist bereits schon spät.

Da, plötzlich geht die Türe auf, und Peter kommt retour,
er hatte rosig Wangen, vom Schlechtsein keine Spur.
„Macht endlich Schluss und Pause,
hier bring' ich Bier und Jause",
ruft er und strahlt uns an,
er rettet diesen Abend, er war ein toller Mann.

Wir füllten unsre Bäuche und prosteten uns zu,
der Franz war sehr erleichtert, genoss nun seine Ruh'!

Drum, Muha-Spieler, merke, wenn es mal läuft nicht gut,
mach einfach eine Muha-Pause, dann fasst du neuen Mut.

Verlassen, verlassen, allein auf der staub'gen Straßen

Ich liege auf der staub'gen Straßen, so allein und so verlassen,
ach, wie tu ich heute noch diesen Spieler hassen.

Konnt' er nicht das Loch zustopfen in seinem Hosensack,
ich glaube, diese Muha-Spieler sind alle nur ein grausam Pack.

Sie stopfen von uns Muhas ganz viel in die Säcke rein,
dabei sollt' jeder merken, wenn diese sind zu klein.

Mein Spieler war der Ludwig, er nahm mich mit zum Wirt,
dort tat ich meine Arbeit, er hat nur rumprobiert.

Er hat gar viel getrunken und roch nach Bier und Wein,
auf mich war er dann wütend, dabei blies er falsch hinein.

Vor Kummer und vor Nässe gab ich den Geist dann auf,
den Zorne meines Spielers nahm ich sehr gern in Kauf.

Ich musst' dann in die Tasche, der Hose mit dem Loch,
das war dann meine Strafe, ich leide heute noch.

Der Ludwig ging nach Hause, er war Sternhagel voll,
für mich, die kleine Muha, war das bestimmt nicht toll.

Er schwankte durch die Straßen, mir wurd' dabei ganz schlecht,
ich fand die ganze Sache für mich sehr ungerecht.

Ich konnt' mich nicht mehr halten, verlor das Gleichgewicht,
fiel hart auf eine Straße, die hatte nirgends Licht.

Nun lieg' ich schon zehn Wochen, inzwischen wurd' ich nass,
oh, wie ich diesen Ludwig, den schlampig' Spieler, hass'.

Ich bitt' euch, Muha-Freunde, nehmt rasch die Suche auf,
denn lange halt ich's nicht mehr aus, dann geh' ich wirklich drauf.

Hohner
Pause

Übung macht den Meister

Klein Mäxchen - Opas Star

Klein Mäxchen, das war sonnenklar,
war musikalisch Opas Star.
Opa hat sofort entdeckt,
dass in dem Kleinen Großes steckt.
Spontan hat er sich aufgemacht
und Klein Mäxchen eine Mundharmonika gebracht.

Wenn auch die Töne klingen gräulich,
ist es für Opa sehr erfreulich.
Ganz selig bläst und zieht der Kleine,
die Spucke tropft bis an die Beine.

Mäxchen in der Schule

Mäxchen, dieser kleine Mann, musst' auch mal zur Schule,
schwierig war das Sitzen dann auf dem kleinen Stuhle.
Das Rechnen, Schreiben und das Lesen war nicht der große Hit,
drum nahm er heimlich in dem Ranzen die Muha stets er mit.

Da hilft kein Mahnen und kein Schelten,
Mäxchen träumt von eig'nen Welten.
Frau Lehrerin, die strenge Frau, wusste bald nicht weiter,
Mäxchen hörte nicht auf sie, spielte hurtig, heiter.
Das viele Strafen hilft da nix,
er will ein Star werden, das ist fix.

Max sucht sich eine Braut

Aus Klein Mäxchen wurd' ein Mann, fesch und groß gebaut,
eines Nachts kam die Idee „Ich suche mir 'ne Braut".
Die schöne Heidi, reizend Maid,
in ihrem wunderschönen Kleid,
hatte ihm den Kopf verdreht.
Verliebt der Max mit seiner Braut im Park spazieren geht.

Abends auf der Parkbank dann, im hellen Mondenschein,
küsst er seine Heidi nicht, nein, es ist zum Schrei'n.
Er greift in seinen Hosensack und holt die Muha raus,
er spielt und spielt und hört nicht auf, die Liebe ist nun aus.

Der Max, enttäuscht von seiner Heidi, schwört nun der Liebe ab,
die Muha wird ihm keiner nehmen, die nimmt er mit ins Grab.

Max übt in der Badewanne

Der Max, er übt nun fleißig, täglich,
für seinen Nachbarn unerträglich.
Selbst vor dem reinigenden Bade
greift er vorher in seine Lade.

Im warmen Wasser, so mit Dampf,
bläst sich's locker ohne Krampf.
Wenn auch der Nachbar klopft und klopft,
das Wasser von der Decke tropft,
den Max kann gar nichts rundum stören,
mit Oropax kann er nichts hören.

Max übt im Bett

Danach steigt er ins warme Bett, setzt sich die Mütze auf,
er übt und übt, spielt Stück für Stück, oh Gott, ist er gut drauf.
Den Vorhang zieht er gar nicht zu, der Mond scheint in sein Gesicht,
der Max denkt, wie schön das wär, so hell im Rampenlicht.

Und endlich schläft er kraftlos ein, die Muha sinkt zur Seit',
morgen muss er wieder üben, der Weg ist noch sehr weit.

Max als Straßenmusikant

Die Schule hat er oft geschwänzt, die Muha war ihm wichtig.
War das alles, fragt er sich, war der Weg wohl richtig?
Kein Beruf und auch kein Geld,
das ist nicht die wahre Welt.
Er fasste rasch nun den Entschluss,
da sein Spiel ein Kunstgenuss,
sein Geld mit Melodien zu holen
und macht' sich auf mit leisen Sohlen.

Im reizend Städtchen Klagenfurt, in einer alten Gasse,
sucht er sich ein Plätzchen aus und freut sich auf die Kasse.
Den Hut mit Zettel für 'ne Spende legt offen er vor sich dann hin,
doch leider war, trotz schönen Spielens, bis abends noch kein Euro drin.

Enttäuscht packt er die Muha ein,
zuhaus trinkt er ein Gläschen Wein.
So konnte das nicht weitergeh'n,
es musste schnell etwas gescheh'n.

Max besucht die Musikschule

Am nächsten Morgen stand Max auf und fasste den Entschluss:
Laakirchen, zu Herrn Buchinger, ich nehm den nächsten Bus.
Mit seinem allerletzten Geld, das er so hart gespart,
er hat Talent, das wusste er, es war ein neuer Start.

Noten lernen unter Aufsicht, Technik einstudieren,
nur Mut, das sagt er sich ganz laut, er muss es ausprobieren.
Herr Buchinger war sehr erstaunt, als Max bei ihm war dann,
immerhin war er nicht jung, sondern schon ein Mann.

Doch Max ließ sich nicht unterkriegen und spielte gleich so manches vor,
und, welch ein Wunder für den Mann, Herr Buchinger spitzt gleich sein Ohr.
Da wird ein neuer Star geboren, dacht' er sich und nimmt ihn auf,
der Mann spielt einfach spitzenmäßig, der nahm so vieles schon in Kauf.

Für Max begann der große Traum, nun in die Näh' zu rücken,
er will einmal als großer Star sein Publikum entzücken.

Max übt und übt und übt

Täglich üben, täglich lernen, das erfordert sehr viel Kraft,
vitaminreich heißt es essen, trinken manchen Powersaft.

Max lässt sich nicht unterkriegen, spielt so manche Muha tot,
viele liegen nun im Eimer oder gar beim Sonderschrott.

So vergehen viele Jahre, eh die Prüfung er bestand,
nun ist Max erschöpft und müde, kraftlos hängt die rechte Hand.

Doch da reißt er sich am Riemen und holt die letzt' Reserven raus,
Ziel ist ja, ein Star zu werden, hoffen darf er auf Applaus!

Max in Trossingen

Spielen kann er jetzt nach Noten, klassisch und auch leicht' Musik,
doch Max weiß, zum großen Meister fehlt ihm noch ein winzig Kick.

Trossingen ist der Ort für den letzten Schliff.
Hohner Konservatorium, ein neuer Traum, jed' Spieler ein bekannt Begriff.

Rasch packt er in den alten Koffer Wäsche, Socken, Hemden ein,
Noten noch und dann die Muha, mehr geht nicht, denn der ist klein.

Der Zug, er rattert leis dahin, der Max genießt es nun,
wer ein Star will werden, so denkt er, muss dafür auch ein'ges tun.

Sechs Semester Studium, Verzicht auf Freizeitspaß,
das Resultat ist meisterlich, Max' Können ist first class!

Mit dem Abschluss „ausgezeichnet" fährt er mit dem Zug zurück,
Max strahlt und träumt von seiner Bühne, wie herrlich, welch ein selig Glück!

Max, der große Auftritt

Mutig schreitet er zur Bühne, stolz, man hat ihn engagiert!
Er konnt' sich bei der großen Prob' beweisen und hat sich nicht blamiert.
Der Saal ist voll, der Pianist sitzt startbereit zum Spiel,
und Max hat seinen „Schwarzen" an und ist beinah am Ziel.

Er spielt nun Mozart, Schubert, Haydn, gekonnt und meisterlich perfekt,
er schwebt dahin auf Wolke sieben, man hat ihn, Max, nun auch entdeckt.
Der Schweinwerfer ist nicht der Mond, die Bühne nicht die Wanne,
gefühlvoll spielt er nun, der Max, von allerbester Sahne.

Sein Spiel verstummt, es ist ganz still, und Schweiß tropft von der Stirn.
Was ist nur los, was war denn nun, wo bleibt das Applaudier'n?
Da, plötzlich wird es laut im Saal, die Menge tobt und rastet aus.
Bravo, bravo, rufen sie, es bebt das ganze Haus.

Sein Traum, der wurde endlich wahr,
er ist nun ein begehrter Star.
Vorbei sind Zeiten ohne Geld,
nun kommt er um die ganze Welt.

Er hat 'ne Frau, ein Haus, ein Kind, „Klein Mäxchen" heißt der Kleine,
Opas Muha spielt er schon, die Spucke tropft bis an die Beine.

ENDE

Angelika Halper und ihre Liebe zur Mundharmonika

Angelika Halper wurde am 1. April 1950 in Weiz geboren. Ihr Vater war Steirer, ihre Mutter kam aus Glogau/Schlesien im damaligen Deutschland. Nach der Ausbildung zur Industriekauffrau in Graz ging sie mit ihren Eltern nach Kärnten. Von 1967 bis 1999 war sie anfangs als Korrespondentin und später als Buchhalterin tätig. Im Jahre 2000 absolvierte sie die Prüfung zur „Gewerblichen Buchhalterin" und machte sich fünf Jahre vor ihrer Pensionierung selbstständig.

Frau Angelika Halper, die in Kärnten ihre Heimat und ihren Mundharmonika spielenden Franz gefunden hat, entdeckte sehr früh die Liebe zum Dichten, Malen, Zeichnen und spielt seit vier Jahren gemeinsam mit ihrem Mann und fünf weiteren Spielern beim „MundHarmonika Ensemble Wörthersee".

Sie verdankt es vor allem ihrem Mann, dass sie den Mut gefunden hat und den großen Wunsch, ein eigenes Buch herauszugeben, nun endlich verwirklicht hat. Als leidenschaftlicher Mundharmonika-Musikant war er für sie Inspiration und gleichzeitig „Opfer" für einige ihrer heiteren Gedichte.

Im ersten Teil des Büchleins spürt man die Liebe zur Natur, zur Musik und vor allem zur Mundharmonika. Der zweite Teil soll zum Lachen anregen und für entspanntes Lesen sorgen.